BEI GRIN MACHT SICH IHR
WISSEN BEZAHLT

Wilhelm Weber

Stichpunkte zur systematisch-theologischen Vorlesung "Philosophie der Liebe"

GRIN Verlag

Bibliografische Information der Deutschen Nationalbibliothek:

Die Deutsche Bibliothek verzeichnet diese Publikation in der Deutschen National-
bibliografie; detaillierte bibliografische Daten sind im Internet über http://dnb.d-
nb.de/ abrufbar.

Impressum:

Copyright © 2012 GRIN Verlag GmbH
Druck und Bindung: Books on Demand GmbH, Norderstedt Germany
ISBN: 978-3-656-72179-6

Dieses Buch bei GRIN:

http://www.grin.com/de/e-book/278365/stichpunkte-zur-systematisch-theologischen-
vorlesung-philosophie-der-liebe

GRIN - Your knowledge has value

Der GRIN Verlag publiziert seit 1998 wissenschaftliche Arbeiten von Studenten, Hochschullehrern und anderen Akademikern als eBook und gedrucktes Buch. Die Verlagswebsite www.grin.com ist die ideale Plattform zur Veröffentlichung von Hausarbeiten, Abschlussarbeiten, wissenschaftlichen Aufsätzen, Dissertationen und Fachbüchern.

Besuchen Sie uns im Internet:

http://www.grin.com/

http://www.facebook.com/grincom

http://www.twitter.com/grin_com

Philosophie der Liebe

- in philosophischer Kategorie gesehen
- aus epistemologischer Sicht
    o erkenntnistheoretisch
- Liebe als Konstruktion und Destruktion von Liebe
- Literaturhinweise:
    o U. Kern „Liebe als Erkenntnis und Konstruktion von Wirklichkeit"
    o H. Schmitz: „Die Liebe"
    o D. Thomä: „Analytische Philosophie der Liebe"
- „Wir erkennen nur so viel, wie wir lieben."
- rechtes Erkenntnis von Sachen und Verhältnissen durch die Liebe
- H. von Bingen: Liebe als brennende Vernunft
- Feuerbach: Liebe als einzige Seins-Kategorie
- Liebe als Philosophie der Zukunft

Epistemologische Sicht der Liebe

- Metaphysik von Aristoteles geprägt
- E. Grisebach: Philosoph
- ethische Prinzipien behandelnd
- Natur von Vernunft geprägt
- Menschen daher vernunftbegabt
    o zur Erkenntnis der Vernünftigkeit der Natur
- Mittel des Erkennen
    o Mensch als rationales Wesen
- ekstastischer Wirklichkeitsbezug
- Wirklichkeit dadurch nicht nur uniform wahrnehmbar
- R. Selten: Nobelpreis für Wirtschaftswissenschaften
- Adorno: Dialektik der Aufklärung
    o Beendigung der Herrschaft blinder Vernunft
    o Vernunft Diskontinuiertät unterlegen

1 3   Liebe als Möglichkeit zum Erkennen

- Liebe in dialogischer Form möglich
- Herz mit anderer Sicht sehend als der Verstand
- Liebe als Äußerung der Vernunft
- Liebe vom Herzen ausgehend
- E. Fromm: Die Kunst des Liebens
- in der Liebe Erkenntnispotential
- Befähigung zur geistiger Essentialität
- Liebe das Gute produzierend
- Liebe im Lichte des Logos
- Logos = Weltvernunft

- Liebe den Menschen betreffend
- das Sein betreffende Handeln
- Liebe als Fortschritt von Erkenntnis
- Liebe und Vernunft miteinander im Kontext stehend
- Liebe und Vernunft identisch
- als unvernünftig erachtet
- Liebe nach der Wahrheit der Vernunft fragend
- Liebe ebenso Äußerung der Vernunft
- Sehkraft in der Liebe liegend
- Profilierte Liebe wahrer Menschlichkeit Sehkraft gebend
- Liebe als Erkenntnistheorem
- habituelles Erkenntnisprinzip bewirkend
- H. Cohen: aus atl. Perspektive
- Befähigung zur Liebe durch Gott
- Erkennen a priori Vertrauen voraussetzend
- Vertrauen für Liebe erforderlich

Ontologie der Liebe

- Dieter Dome: „ananibische Liebe"
- Phänomenologische Erörterung der Liebe

Liebe als Sinn von Sein

- Dt. Idealismus:
  - Hegel
  - Schelling
  - Kant
- Wollen als Ursein
- Liebe als Lösung bzw. Erlösung von Freiheit bzw. Notwendigkeit
- Liebe als Knotenpunkt von Freiheit und Notwendigkeit
- Liebe als Denken des universalen Sein
- Liebe als universaler Mittlergeschehen
- Liebe mit medialem Charakter
- Liebe das Sein als ein Für-dich-sein
- personale Vergewisserung des Seins
- Feuerbach:
  - Personsein in der Liebe vorkommend
  - Liebe nicht vollendet in egoistischer Weise
  - Liebe elementar an Leidenschaft gebunden
  - Objekt der Leidenschaft im Sinne der Liebe
  - Kehre in der Philosophie notwendig
  - Wahrheit Liebe voraussetzend

- o   Seinszunahme durch die Liebe
- Liebe als potentia in actu
- Liebe als Möglichkeit in der Handlung
- Liebe jmd. in ein Geschehen hineinversetzend
- Liebe auf ein Werden hin orientiert
- Liebe Hoffnung artikulierend
- Geben- und Empfangenscharakter in der Liebe

Liebe als menschliches Sein im Zusammensein

- Liebe Menschen auf ein Zusammensein orientierend
- Humanität in der Bestimmtheit seines Seins
- Menschen im Verhältnis zu Mitmenschen stehend
- Liebe als mitgeschöpflich

Liebe in ästhetischer Dimension

- Wahrnehmung des Seienden
- Definition der Schönheit
- Ficinius:
    - o   an Plato anknüpfend
    - o   Suche nach der Schönheit
    - o   Sinnliches Erkennen von Harmonie
    - o   Schönheit durch den Geist wahrnehmbar
    - o   Sehnsucht nach Schönheit infolge eines göttlichen Grund
    - o   Liebe geankert in einem göttlichen Verlangen
    - o   Liebe nichts Zufälliges
    - o   Liebe als Notwendigkeit erachtet
    - o   dem Guten entsprechend
- Pascal:
    - o   Menschen nicht zur Einsamkeit bestimmt
    - o   Finden in der Schönheit
    - o   nur in einem Gegenuber auffIndbar
    - o   Mensch als schönstes Geschöpf befunden
    - o   Menschen sind sich im Gegenüber erkennend
    - o   ästhetische Kraft in der Liebe liegend
    - o   Liebe in der Welt Verschiedenheit unterworfen
    - o   Jeder Liebende auf göttlichen Schöpfer hinaus verwiesen
    - o   für die Wesensgestalt des Menschen bestimmend

Notwendigkeit und Kontingenz

- Notwendigkeit aus Liebe folgend
- Vorrang der Liebe verdeutlichend
- Liebe älter als die Notwendigkeit
- Liebe als zeitlich fortgeschrittener
- Liebe ihren Beginn bei Gott habend
- Herrschaft der Liebe in Gott beginnend
- Liebe aus freiem Willen heraus von Bedeutung
- Liebe sich als Notwendigkeit einstellend
- Ineinander der Notwendigkeit von Liebe

Ich und Personalität

Liebe aus der Ich-Perspektive

- Liebe im Kontext von Individuien
- Liebe von seinem Subjekt ausgehend
- Ein Handelnder als Person zu sehen
- Spaemann als Vertreter
- Mensch mit unversaler Würde
- für alle Menschen geltend
- Begriffe der Person und Verzeihung
- Verzeihung als zentraler Begriff bei Hegel
- allen Menschen Würde zukommend
- Verzeihung sich aus der Liebe ergebend
- Verzeihung ohne Liebe nicht möglich
- Kodalle als philosophischer Vertreter davon
- faktisches Sein des Menschen durch Verzeihung neu definiert
- Liebe niemals ohne Hoffnung und Gewissheit
- Achtung und Würdigung seines Gegenübers
- Personen in der Trinitätslehre vorkommend
- Vater, Sohn und Heiliger Geist
- Glaube durch den Heiligen Geist gestiftet
- Menschen als personales Subjekt

Profilierung des Ichs durch die Liebe

- Liebe als größte Wohltat nach Kierkegaard
- Liebe zur Selbstständigkeit befähigend
- Stärkung des anderen durch Liebe
- wechselseitiges Herrenverhältnis
- Erbauung des Menschen

- Entdeckung des anderen in der Liebe
- Selbsterkenntnis in der Liebe
- Befreiung des isolierten Ichs durch die Liebe
- Mensch durch ein porösen Ich beschaffen
- Für andere da sein als Liebe
- sich dem Nichts aussetzend
- eigenartige Dialektik von statten gehend
- Scheitern zur Liebe elementar dazugehörend
- besorgendes Ich
- Verhältnis zu sich selbst sich auf das Verhältnis zum Nächsten auswirkend
- Selbstliebe nicht als Egoismus zu sehen
- Selbstliebe als negativ angesehen von Augustinus
- Selbstverkrümmung infolge von einseitiger Selbstliebe
- Nächstenliebe aus konstruktiver Selbstliebe resultierend
- Nächstenliebe sich auf die Mitmenschen beziehend
- selbstsüchtige Mensch sich wenig liebend
- Liebe mit transitivem Charakter
- Selbstliebe von Selbstsucht zu unterscheiden
- Selbstsucht als Liebesunfähigkeit
- Liebe das eine mit dem anderen verbindend
- Legitimität der Selbstliebe (Tillich: Systematische Theologie Bd. 1)
- theologisch-analogische Betrachtung
- in Bezug auf drei griechische Begriffe:
  - philia
  - eros
  - libido
- Element des Begehrens vorhanden
- weiterhin agape (Nächstenliebe)
- Liebe unter dem Vorzeichen der agape funktionierend
- Selbstbejahung als innere Haltung
- Begriff der Freundschaft im Joh von wesentlicher Bedeutung
- Eins werden mit dem anderen
- Selbstliebe stärker als die Liebe zu einem Gegenüber
- Grund menschlicher Kreatürlichkeit
- Liebe durchaus Lohn vom anderen erwartend
- wahrhafte Liebe ohne Vorteilserwartung vom anderen
- als Betrug erachtet
- Selbstvergessen in der Liebe auftretend
- Selbstvergessen als Rettung des Ichs zu befinden
- Egoismus und Altruismus aus psychologischer Perspektive
  - Liebe nicht im Sinne des Altruismus'
- reziproker Altruismus
- Voland
- Frage nach der Ursache von der Hilfe anderer Menschen
- Eigennutz in der Hilfe anderer Menschen bedacht
- zur Arterhaltung dienend

- Hegels Rede vom absoluten Geist
- Selbstvergessen und sich in einem anderen wiederfindend
- D. Bonhoeffer: Person werdend durch andere

Egoismus

- Hang zur Selbstgenügsamkeit
- Drei Arten von Egoismus
    - Logischer Egoismus
    - Ästhetischer Egoismus
    - Praktischer Egoismus
- Egoist als Eudaimonist
- Vergessen der Pflichtvorstellung
-

Verschiedene Arten der Liebe

- „ordo et amaro

Philosophie der Liebe

- in philosophischer Kategorie gesehen
- aus epistemologischer Sicht
    - erkenntnistheoretisch
- Liebe als Konstruktion und Destruktion von Liebe
- Literaturhinweise:
    - U. Kern „Liebe als Erkenntnis und Konstruktion von Wirklichkeit"
    - H. Schmitz: „Die Liebe"
    - D. Thomä: „Analytische Philosophie der Liebe"
- „Wir erkennen nur so viel, wie wir lieben."
- rechtes Erkenntnis von Sachen und Verhältnissen durch die Liebe
- H. von Bingen: Liebe als brennende Vernunft
- Feuerbach: Liebe als einzige Seins-Kategorie
- Liebe als Philosophie der Zukunft

Epistemologische Sicht der Liebe

- Metaphysik von Aristoteles geprägt
- E. Grisebach: Philosoph
- ethische Prinzipien behandelnd
- Natur von Vernunft geprägt
- Menschen daher vernunftbegabt
  - o zur Erkenntnis der Vernünftigkeit der Natur
- Mittel des Erkennen
  - o Mensch als rationales Wesen
- ekstastischer Wirklichkeitsbezug
- Wirklichkeit dadurch nicht nur uniform wahrnehmbar
- R. Selten: Nobelpreis für Wirtschaftswissenschaften
- Adorno: Dialektik der Aufklärung
  - o Beendigung der Herrschaft blinder Vernunft
  - o Vernunft Diskontinuiertät unterlegen

1.3 Liebe als Möglichkeit zum Erkennen

- Liebe in dialogischer Form möglich
- Herz mit anderer Sicht sehend als der Verstand
- Liebe als Äußerung der Vernunft
- Liebe vom Herzen ausgehend
- E. Fromm: Die Kunst des Liebens
- in der Liebe Erkenntnispotential
- Befähigung zur geistiger Essentialität
- Liebe das Gute produzierend
- Liebe im Lichte des Logos
- Logos = Weltvernunft
- Liebe den Menschen betreffend
- das Sein betreffende Handeln
- Liebe als Fortschritt von Erkenntnis
- Liebe und Vernunft miteinander im Kontext stehend
- Liebe und Vernunft identisch
- als unvernünftig erachtet
- Liebe nach der Wahrheit der Vernunft fragend
- Liebe ebenso Äußerung der Vernunft
- Sehkraft in der Liebe liegend
- Profilierte Liebe wahrer Menschlichkeit Sehkraft gebend
- Liebe als Erkenntnistheorem
- habituelles Erkenntnisprinzip bewirkend
- H. Cohen: aus atl. Perspektive
- Befähigung zur Liebe durch Gott
- Erkennen a priori Vertrauen voraussetzend
- Vertrauen für Liebe erforderlich

Ontologie der Liebe

- Dieter Dome: „ananibische Liebe"
- Phänomenologische Erörterung der Liebe

Liebe als Sinn von Sein

- Dt. Idealismus:
  - Hegel
  - Schelling
  - Kant
- Wollen als Ursein
- Liebe als Lösung bzw. Erlösung von Freiheit bzw. Notwendigkeit
- Liebe als Knotenpunkt von Freiheit und Notwendigkeit
- Liebe als Denken des universalen Sein
- Liebe als universaler Mittlergeschehen
- Liebe mit medialem Charakter
- Liebe das Sein als ein Für-dich-sein
- personale Vergewisserung des Seins
- Feuerbach:
  - Personsein in der Liebe vorkommend
  - Liebe nicht vollendet in egoistischer Weise
  - Liebe elementar an Leidenschaft gebunden
  - Objekt der Leidenschaft im Sinne der Liebe
  - Kehre in der Philosophie notwendig
  - Wahrheit Liebe voraussetzend
  - Seinszunahme durch die Liebe
- Liebe als potentia in actu
- Liebe als Möglichkeit in der Handlung
- Liebe jmd. in ein Geschehen hineinversetzend
- Liebe auf ein Werden hin orientiert
- Liebe Hoffnung artikulierend
- Geben- und Empfangenscharakter in der Liebe

Liebe als menschliches Sein im Zusammensein

- Liebe Menschen auf ein Zusammensein orientierend
- Humanität in der Bestimmtheit seines Seins
- Menschen im Verhältnis zu Mitmenschen stehend
- Liebe als mitgeschöpflich

Liebe in ästhetischer Dimension

- Wahrnehmung des Seienden

- Definition der Schönheit
- Ficinius:
  - o an Plato anknüpfend
  - o Suche nach der Schönheit
  - o Sinnliches Erkennen von Harmonie
  - o Schönheit durch den Geist wahrnehmbar
  - o Sehnsucht nach Schönheit infolge eines göttlichen Grund
  - o Liebe geankert in einem göttlichen Verlangen
  - o Liebe nichts Zufälliges
  - o Liebe als Notwendigkeit erachtet
  - o dem Guten entsprechend
- Pascal:
  - o Menschen nicht zur Einsamkeit bestimmt
  - o Finden in der Schönheit
  - o nur in einem Gegenüber auffindbar
  - o Mensch als schönstes Geschöpf befunden
  - o Menschen sind sich im Gegenüber erkennend
  - o ästhetische Kraft in der Liebe liegend
  - o Liebe in der Welt Verschiedenheit unterworfen
  - o Jeder Liebende auf göttlichen Schöpfer hinaus verwiesen
  - o für die Wesensgestalt des Menschen bestimmend

Notwendigkeit und Kontingenz

- Notwendigkeit aus Liebe folgend
- Vorrang der Liebe verdeutlichend
- Liebe älter als die Notwendigkeit
- Liebe als zeitlich fortgeschrittener
- Liebe ihren Beginn bei Gott habend
- Herrschaft der Liebe in Gott beginnend
- Liebe aus freiem Willen heraus von Bedeutung
- Liebe sich als Notwendigkeit einstellend
- Ineinander der Notwendigkeit von Liebe

Ich und Personalität

Liebe aus der Ich-Perspektive

- Liebe im Kontext von Individuien
- Liebe von seinem Subjekt ausgehend

- Ein Handelnder als Person zu sehen
- Spaemann als Vertreter
- Mensch mit unversaler Würde
- für alle Menschen geltend
- Begriffe der Person und Verzeihung
- Verzeihung als zentraler Begriff bei Hegel
- allen Menschen Würde zukommend
- Verzeihung sich aus der Liebe ergebend
- Verzeihung ohne Liebe nicht möglich
- Kodalle als philosophischer Vertreter davon
- faktisches Sein des Menschen durch Verzeihung neu definiert
- Liebe niemals ohne Hoffnung und Gewissheit
- Achtung und Würdigung seines Gegenübers
- Personen in der Trinitätslehre vorkommend
- Vater, Sohn und Heiliger Geist
- Glaube durch den Heiligen Geist gestiftet
- Menschen als personales Subjekt

Profilierung des Ichs durch die Liebe

- Liebe als größte Wohltat nach Kierkegaard
- Liebe zur Selbstständigkeit befähigend
- Stärkung des anderen durch Liebe
- wechselseitiges Herrenverhältnis
- Erbauung des Menschen
- Entdeckung des anderen in der Liebe
- Selbsterkenntnis in der Liebe
- Befreiung des isolierten Ichs durch die Liebe
- Mensch durch ein porösen Ich beschaffen
- Für andere da sein als Liebe
- sich dem Nichts aussetzend
- eigenartige Dialektik von statten gehend
- Scheitern zur Liebe elementar dazugehörend
- besorgendes Ich
- Verhältnis zu sich selbst sich auf das Verhältnis zum Nächsten auswirkend
- Selbstliebe nicht als Egoismus zu sehen
- Selbstliebe als negativ angesehen von Augustinus
- Selbstverkrümmung infolge von einseitiger Selbstliebe
- Nächstenliebe aus konstruktiver Selbstliebe resultierend
- Nächstenliebe sich auf die Mitmenschen beziehend
- selbstsüchtige Mensch sich wenig liebend
- Liebe mit transitivem Charakter
- Selbstliebe von Selbstsucht zu unterscheiden
- Selbstsucht als Liebesunfähigkeit
- Liebe das eine mit dem anderen verbindend
- Legitimität der Selbstliebe (Tillich: Systematische Theologie Bd. 1)

- theologisch-analogische Betrachtung
- in Bezug auf drei griechische Begriffe:
    o philia
    o eros
    o libido
- Element des Begehrens vorhanden
- weiterhin agape (Nächstenliebe)
- Liebe unter dem Vorzeichen der agape funktionierend
- Selbstbejahung als innere Haltung
- Begriff der Freundschaft im Joh von wesentlicher Bedeutung
- Eins werden mit dem anderen
- Selbstliebe stärker als die Liebe zu einem Gegenüber
- Grund menschlicher Kreatürlichkeit
- Liebe durchaus Lohn vom anderen erwartend
- wahrhafte Liebe ohne Vorteilserwartung vom anderen
- als Betrug erachtet
- Selbstvergessen in der Liebe auftretend
- Selbstvergessen als Rettung des Ichs zu befinden
- Egoismus und Altruismus aus psychologischer Perspektive
    o Liebe nicht im Sinne des Altruismus'
- reziproker Altruismus
- Voland
- Frage nach der Ursache von der Hilfe anderer Menschen
- Eigennutz in der Hilfe anderer Menschen bedacht
- zur Arterhaltung dienend
- Hegels Rede vom absoluten Geist
- Selbstvergessen und sich in einem anderen wiederfindend
- D. Bonhoeffer: Person werdend durch andere

Egoismus

Hang zur Selbstgenügsamkeit
- Drei Arten von Egoismus
    o Logischer Egoismus
    o Ästhetischer Egoismus
    o Praktischer Egoismus
- Egoist als Eudaimonist
- Vergessen der Pflichtvorstellung

Verschiedene Arten der Liebe

- „ordo et amaro"
- Existenzphilosophen: Heidegger, Satre, Jaspers
- Mensch als „ens amans"
- Mensch als liebendes Sein
- ebenso im Hass Liebe auftretend
- Liebe als Weg des Menschen
- Liebe zur eigentlichen Wirklichkeit führend
- Liebe kein Naturprodukt
- Liebe mit existenzieller Betroffenheit
- Mensch als Mängelwesen
- Es keinen perfekt liebenden Menschen gebend
- Liebe in Verbindung mit universaler Humanität
- Liebe in der Welt entdeckend
- Orientierung auf die Liebe vonnöten
- Hölle als Schmerz des Nichtliebens
- Beatitudo = Glückseligkeit
- Eudaimonia = -"-
- Zusammenhang von Freude und Liebe
- Freude mit sekundärem Charakter
- Glück und Freude niemals ohne Liebe möglich
- Glück an den Augenblick gebunden
- Fragiler Charakter des Glücks
- Menschen als verletzliche und endliche Wesen
- gebrochene sowie fragile Existenz des Menschen
- Hedonismus
- Frage nach der Teilhabe des Menschen am Glück
- aus der Liebe Freude und Traurigkeit erwachsend
- göttliche Gnade als Quelle des Glücks
- differenzierte Rede von Glück
- Zwei-Reiche-Lehre: innerweltliches Glück nach Kant
- Philosophie auf innerweltliches Glück beschränkt
- Philosophie nicht den Glauben etablierend
- keine Religionisierung des Glücks
- Zuteilwerden von Dankbarkeit
- Liebe mit Lust verbunden
- Mensch als Übergangswesen
- menschliches Streben nach Konservierung des Glückes
- Wohl der Menschheit im Zentrum
- Liebe wahres endliches Menschsein offenbarend
- Liebe bei dem Menschen selbst liegend
- Mensch zum Lieben bestimmt
- Liebe an Vertrauen gebunden
- durch Vertrauen zu sittlichen Subjekten
- Mensch als Endlichkeitsflüchter

Konstruktivität der Liebe

- Auferbauung der Liebe
- Liebe als dynamisches Werden
- Mensch Richtung Liebe orientiert
- unvollendete und gefährdende Liebe
- Erbauung: von Grund auf in die Höhe führend
- Liebe die Mitte des Menschen bestimmend
- Liebe im Kontext mit der Wirklichkeit
- Wirklichkeit etymologisch von Meister Eckard stammend
- Sich über den anderen reflektierend
- Korrektur über andere
- Befreiungspotential in der Liebe liegend nach Augustinus
- der Liebe um tatsächliche Freiheit gehend
- Hohenlied der Liebe im 1. Kor 13
- Gleichheit der Menschen in der Liebe artikuliert
- Aufgabe des Philosophen: etwas auf den Begriff bringend
- Liebe im historischen Kontext zu sehen
- Liebe Zeit und Dauer benötigend
- Vergangenheit als Gedächtnis
- Gegenwart als Anschauung
- Zukunft als Erwartung des Gegenwärtigen
- Entfremdung des Gegenwärtigen in der Liebe liegend